Colorea tu día con Amor

Chip the Monk

Armonía

Visionaria y Autora - Suzanne Sullivan
Coautora y editora: Pamela Breeze Bahr
Ilustradora - Wendy Lorenzana

Título original: Color your day with Love
Traducción: Francisco Delgadillo León y Wendy Lorenzana
Copyright © por Chip the Monk Foundation 2021
Todos los derechos reservados.

ISBN: 978-1-7377493-8-7

Chip the Monk Foundation es una organización benéfica pública sin fines de lucro operada exclusivamente con fines educativos y benéficos en el sentido de la Sección 501(c)(3) del Código de Rentas Internas de 1986.
Las donaciones deducibles de impuestos se aceptan con gratitud para apoyar este importante trabajo.

Si deseas realizar una donación, por favor visita nuestra página web.
Chipthemonk.com
Facebook: Chipthemonk

Mucha gratitud hacia Rita Chance por su contribución al inspirador contenido de este libro.

Colorea tu día con Amor

con Chip the Monk y los Animales de la Armonía

Estaban, Dolly, la Llama, quien ayuda a dejar ir el drama,
las Abejas de la Armonía, viviendo sin quejas ni ironía,
Timidy, la Tortuga, cuan valeroso, jamás se daba a la fuga,
y Holly, la Vaca, viviendo en asombro y nada la opaca.

¿Puedes encontrar a los Animales de la Armonía mientras coloreas tu día con amor?

Enumera tres formas en las que eres amable contigo mismo.

Se amable con tu mente.

Y una pequeña ardilla los guiará.

El amor está en el aire.

¡Es muy divertido pasar tiempo juntos!

¡Hurra!

¿Qué pensamientos aterradores quieres reducir hoy?

Calma tu mente y observa como los pensamientos aterradores comienzan a reducirse.

Permitámonos ser bobos.

Deja ir las preocupaciones para que tu felicidad fluya.

Que todos mis pensamientos se aquieten.

Si eres tímido, entonces Timidy estará para ti.

Aunque es pequeño, es una bendición para todos nosotros.

¡La vaca ¨Holy¨ te ayuda a vivir en júbilo!

Que tu vida sea una historia de amor.

Que tu día se llene de risas.

¡Canta tu canción favorita!

Un paso a la vez.

¿Cuáles son algunas formas en las que compartes el amor?

Comparte tu amor.

¿Cómo muestras bondad?

Que tu día este lleno de bondad.

Colorea tu día con cuidado.

Si fueras una flor, ¿cuál serías?

¡El poder de la flor!

¿Cuáles son algunas de tus formas favoritas de jugar?

Recuerda jugar.

www.ingramcontent.com/pod-product-compliance
Lightning Source LLC
Chambersburg PA
CBHW042037100526
44587CB00030B/4459